AF331321

NOTICE

SUR

L'UNION COLONIALE

FRANÇAISE

———

Chambre Syndicale du Commerce colonial

——◆——

PARIS

AUGUSTIN CHALLAMEL, ÉDITEUR

Librairie Coloniale

5, RUE JACOB & RUE FURSTENBERG, 2

L'Union coloniale française, fondée il y a quelques mois, est née de l'initiative d'un certain nombre d'armateurs, d'exportateurs, d'industriels, de sociétés minières et commerciales, d'établissements de crédit, de compagnies de navigation, etc., etc., qui ont voulu faire de cet organisme nouveau ce qu'il est devenu, après l'accomplissement des formalités légales : **La Chambre syndicale du Commerce colonial.**

Son but peut se formuler dans les propositions suivantes qui résument l'article 2 des statuts :

1º Organiser le groupement des intérêts et concentrer leurs efforts dans un but de défense et de protection.

2º Provoquer des réunions ayant pour objet la discussion et l'examen des questions coloniales ; fournir des arbitres et des experts amiables dans les litiges commerciaux.

3º Intervenir dans les instances devant toutes juridictions pour la défense des principes d'intérêt général et prendre, au besoin, à sa charge tout ou partie des frais nécessités par cette intervention ;

4º Communiquer aux sociétaires tous les renseignements utiles, lois, règlements, tarifs douaniers, tarifs et cahiers des charges, etc.

5º Examiner et même proposer toutes mesures économiques ou législatives reconnues nécessaires, et les soutenir auprès des pouvoirs compétents par tous moyens.

L'Union coloniale française comprend trois catégories distinctes d'adhérents, dont l'énumération suit :

Sociétaires

Art. 11. — Les membres sociétaires ont seuls, suivant les règles établies par ailleurs, le contrôle des opérations du Comité. Ils prennent, en Assemblée générale ou spéciale, toutes les décisions qui importent à l'Union.

Ils jouissent de tous les avantages prévus par l'article 2 des statuts et, en outre, de tous ceux concédés aux membres des autres catégories. (Souscription annuelle : **1000** francs.)

Correspondants (habitant les colonies)

Art. 12. — Les membres correspondants :

1º Reçoivent toutes les publications de l'Union ;

2º Peuvent s'adresser à elle pour obtenir tous renseignements généraux ou spéciaux, techniques ou non techniques, d'intérêt commun ou d'intérêt privé, et même demander l'étude de telle question déterminée ;

3º Peuvent, en cas de procès, élire domicile au siège de l'Union ;

4º Peuvent, durant leur séjour en France, y faire adresser leurs lettres, y faire leur correspondance, y donner leurs rendez-vous, profiter de la bibliothèque, des journaux, etc. (Souscription annuelle : **300** francs.)

Adhérents

Art. 13. — Les membres adhérents jouissent des avantages stipulés pour les membres correspondants par l'article 12, alinéas 1 et 2. (Souscription annuelle : **50** francs.)

UNION COLONIALE FRANÇAISE

Chambre syndicale du Commerce colonial

9, RUE MOGADOR, 9

PARIS

NOTICE

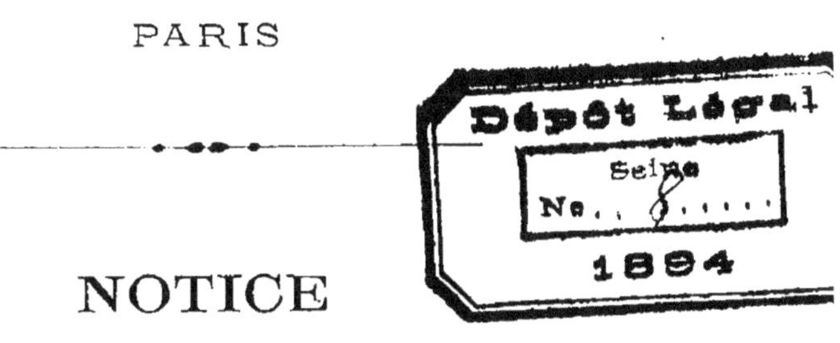

SOMMAIRE :

I. — Absence de représentation du Commerce Colonial.
II. — Nécessité et Rôle d'une Représentation du Commerce Colonial.
III. — L'Union Coloniale Française : son caractère, sa composition.
IV. — Son utilité et ses moyens d'action.

I

ABSENCE DE REPRÉSENTATION DU COMMERCE COLONIAL AUPRÈS DES POUVOIRS PUBLICS.

Depuis longtemps déjà, toutes les branches de l'activité nationale ont reconnu la nécessité de se grouper et d'unir leurs efforts en vue d'assurer la défense et le développement de leurs intérêts généraux, et ont obtenu d'être officiellement représentées auprès des Pouvoirs publics.

Le Commerce intérieur et l'Industrie ont pour interprètes les Chambres de commerce, les Chambres consultatives des Arts et Manufactures, les diverses Chambres syndicales et, au-dessus de tout cela, le Conseil supérieur du commerce et de l'industrie.

Le Travail possède les Syndicats ouvriers et le Conseil supérieur du Travail.

L'Agriculture, les Syndicats agricoles et le Conseil supérieur de l'Agriculture.

Seul, le Commerce Colonial demeure dépourvu de toute cohésion et de toute représentation auprès des Pouvoirs publics.

Et, cependant, les conditions particulièrement ardues et aléatoires dans lesquelles il s'exerce ;

La difficulté d'obtenir les informations qui lui sont indispensables ;

L'immense étendue et la dispersion des territoires où il trafique ;

L'absence d'une législation uniforme et la mobilité perpétuelle des mille réglementations qui lui sont applicables ;

Enfin, l'énormité même des pouvoirs que possèdent, en fait, de simples agents de l'administration, qui à 1000 ou 2000 lieues de la métropole sont, pendant tout le temps que mettrait un contre-ordre à venir de France, maîtres souverains sur leur territoire ;

Tout cela, rend au Commerce Colonial plus nécessaire qu'à tout autre les moyens de faire connaître promptement, en haut lieu, ses besoins et ses desiderata et d'obtenir les renseignements et l'assistance d'où peut dépendre le succès ou la ruine de ses entreprises.

Tout cela fait qu'il est indispensable que le Commerce Colonial ait un organe accrédité près de l'Administration et des Pouvoirs publics.

II

NÉCESSITÉ ET RÔLE D'UNE REPRÉSENTATION DU COMMERCE COLONIAL.

Le Gouvernement peut, en effet, venir en aide au commerce colonial dans trois ordres d'idées essentiels :

1º Par des lois générales ou des règlements locaux, appropriés aux besoins et aux intérêts de ce commerce.

2º Par le recrutement d'administrateurs qui connaissent ces besoins et veuillent servir ces intérêts.

3º Par une politique d'explorations et d'études qui, étant donné déjà l'étendue actuelle de notre domaine colonial, se préoccupe moins peut-être d'étendre ce domaine que d'en préparer promptement l'exploitation et la mise en valeur.

Pour assurer ces avantages au Commerce Colonial, pour lui permettre de se faire entendre du Gouvernement, d'exposer ses besoins et de soumettre ses vœux, un homme d'Etat à qui la politique coloniale et le commerce colonial doivent beaucoup, M. Etienne, alors qu'il était sous-Secrétaire d'Etat, avait institué le Conseil Supérieur des Colonies, où étaient appelés à siéger, à côté des représentants de l'Administration, quelques-uns des chefs de notre commerce colonial, hommes d'affaires consommés.

Mais, pour des motifs qu'il serait trop long d'exposer, cette création n'a pas donné tous les résultats pratiques qu'on était en droit d'attendre et actuellement le Conseil supérieur des Colonies n'est même plus convoqué.

C'est après l'avortement de cette intelligente tentative, que ceux qui en avaient le plus attendu entreprirent spontanément, avec le seul concours de leurs pairs, de doter le Commerce Colonial de cet organe qui lui a jusqu'ici manqué.

Ils ont donc fondé une Chambre syndicale du Commerce Colonial, qui comprend actuellement les représentants les plus considérables de ce Commerce et est appelée, dans un avenir très prochain, à grouper toutes les industries et tous les négoces qui se rattachent au commerce d'outre-mer.

Ce syndicat s'appelle l'UNION COLONIALE FRANÇAISE.

III

L'UNION COLONIALE : SON CARACTÈRE, SA COMPOSITION.

L'Union Coloniale Française représente, dans l'acception la plus étendue du mot, le Commerce Colonial français.

Ce commerce, qu'il exporte ou qu'il importe, réclame le concours de branches nombreuses de l'activité nationale.

Pour établir le prix de vente d'un produit métropolitain, on n'a à compter qu'avec des facteurs à peu près fixes. Seul, le prix d'achat de la matière première peut varier sensiblement.

S'agit-il, au contraire, du produit colonial, en quelques mois, le transport, c'est-à-dire le fret, peut varier du simple au double ou au triple ; le taux de l'intérêt, monter ou baisser d'une façon imprévue ; quant au change, il peut doubler, tripler, décupler.

Le coût du fret, le taux de l'intérêt, le cours du change, une même personne, représentant une seule profession, ne peut réunir des renseignements exacts sur ces facteurs indispensables qu'avec lenteur et difficulté ; et c'est pourquoi, dans toutes les sociétés qui ont pour objet le commerce aux colonies, on voit figurer, à côté les uns des autres, des représentants du commerce proprement dit, de l'industrie, de l'armement et de la banque.

Telle est aussi la composition de l'Union Coloniale Française.

Elle réunit précisément, dans un but d'intérêt commun et général, les chefs des principales maisons d'exportation, d'armement, de crédit, de navigation, de colonisation, etc.

Leur activité et leurs affaires s'étendent sous toutes les latitudes et sur tous les points de notre domaine colonial.

Il suffit, pour s'en convaincre, de parcourir la liste de ses premiers adhérents. (Voy. la couverture de la brochure.)

IV

UTILITÉ ET MOYENS D'ACTION
DE L'UNION COLONIALE FRANÇAISE.

L'Union Coloniale Française n'existe que depuis quelques mois ; déjà pourtant elle a pu montrer ce qu'elle peut, et laissé entrevoir ce qu'elle pourra.

Elle a assumé et remplira un double rôle :

Servir les intérêts généraux, être l'interprète du Commerce Colonial ;

Défendre les intérêts particuliers, être le mandataire fidèle de ses membres.

Le commerce colonial peut rencontrer sur sa route plus d'un obstacle :

En premier lieu, il doit lutter contre une concurrence étrangère toujours grandissante.

Le temps n'est plus où le commerce colonial était le monopole de deux ou trois nations. Le nombre en a aujourd'hui plus que doublé, et l'on voit dans cette lutte nouvelle chaque gouvernement soutenir avec une âpreté jalouse les intérêts de ses nationaux.

Une des formes de cette concurrence est la prétention de chaque nation de réserver à ses nationaux le monopole du commerce dans son propre domaine colonial, et, parfois, pour écarter la concurrence étrangère, d'édicter des règlements vexatoires ou même contraires aux conventions internationales.

En pareille occurrence, l'Union Coloniale aura pour mission de rechercher et de signaler toutes les mesures de ce genre qui seraient préjudiciables à nos nationaux, pour que le Gouvernement averti puisse obtenir le retrait de celles qui ne seront point justifiées.

Dans les colonies françaises elles-mêmes, notre commerce peut se trouver aux prises avec d'autres difficultés :

Règlements contraires aux véritables intérêts du commerce ;

Application avec une rigueur exagérée de mesures parfois délicates ;

Obstination de certaines administrations à refuser d'écouter les revendications les plus légitimes ;

Parfois même, quoique cela devienne de plus en plus rare, manque d'égards et de sollicitude pour les intérêts les plus considérables.

Dans cet ordre d'idées, l'Union Coloniale, exactement informée par les correspondants que ses adhérents possèdent sur tous les points de notre domaine colonial, sera à même de signaler toutes les mesures critiquables et, par l'intervention du Gouvernement, d'en obtenir le redressement.

Enfin, l'Union Coloniale offrira à ses adhérents une source abondante de renseignements, en réunissant à l'avance et en classant toutes les informations et tous les documents désirables sur les colonies tant françaises qu'étrangères.

En un mot, l'Union Coloniale est et sera essentiellement un instrument de *recherches* et de *contrôle*.

Elle a déjà eu l'occasion, dans des questions de quarantaines, de réglementations douanières, d'encouragements à accorder aux cultures coloniales, etc., d'intervenir avec succès auprès des Pouvoirs Publics.

Elle a été reconnue par le gouvernement dans les termes de la loi de 1884, comme *Chambre Syndicale du Commerce Colonial*.

Elle a acquis, par ce fait, la personnalité civile et le droit d'ester en justice.

Groupant en un seul faisceau tous les grands intérêts colo-
niaux du pays, l'Union coloniale française ne peut manquer
d'acquérir une influence considérable. et, grâce à l'usage
qu'elle saura en faire, légitime et durable.

Paris. — Typ. A. DAVY, 52, rue Madame. — Téléphone.

UNION COLONIALE FRANÇAISE

CHAMBRE SYNDICALE DU COMMERCE COLONIAL

Principaux Sociétaires :

MM.

ANCEL-SEITZ, Paris.

L. BALLANDE, fils aîné, Bordeaux.

BANQUE DE l'INDO-CHINE, Paris.

BERGE et DE MONTEBELLO, administrateurs de la SOCIÉTÉ ANO-
NYME BELGE POUR LE COMMERCE DU HAUT-CONGO, Bruxelles-
Paris.

J. E. BUHAN, père et fils, et TEISSEIRE, Bordeaux.

COMPAGNIE DES CHARGEURS RÉUNIS, Le Havre-Paris.

COMPAGNIE COMMERCIALE ET AGRICOLE DE LA CAZAMANCE, Paris.

COMPAGNIE COMMERCIALE FRANCO-AFRICAINE, Paris.

COMPAGNIE FRANÇAISE DE L'AFRIQUE OCCIDENTALE, Marseille-
Paris.

COMPAGNIE GÉNÉRALE TRANSATLANTIQUE, Paris.

COMPAGNIE DES MESSAGERIES MARITIMES, Paris.

COMPAGNIE NATIONALE DE NAVIGATION, Marseille.

COMPTOIR NATIONAL d'ESCOMPTE DE PARIS, Paris.

DAUMAS ET CIE, Paris.

DENIS frères, Bordeaux.

DEVÈS et G. CHAUMET, Bordeaux.

CYPRIEN FABRE ET CIE, Marseille.

ALFRED FRAISSINET, Marseille.

MANTE frères et BORELLI, de RÉGIS aîné, Marseille.

MAUREL et PROM, Bordeaux.

MESSAGERIES FLUVIALES DE COCHINCHINE, Paris.

J. PRAT NOILLY, Marseille.

ULYSSE PILA ET CIE, Lyon.

Ch. PRÉVET ET CIE, Paris.

J. RAGOT ET CIE, Poissy-Manchester.

RIZERIE A VAPEUR DE CHOLON, Paris.

SOCIÉTÉ ANONYME FRANÇAISE DES MINES DE « KÉBAO », Paris.

SOCIÉTÉ « FLERS-EXPORTATION », Flers (Orne).

SOCIÉTÉ GÉNÉRALE DES TRAMWAYS A VAPEUR DE COCHINCHINE,
Paris.

SOCIÉTÉ « LE NICKEL », Paris.

GEORGES SOUPE et RAVEAU, Paris.

A. VERDIER, La Rochelle.

UNION COLONIALE FRANÇAISE

CHAMBRE SYNDICALE DU COMMERCE COLONIAL.

Comité de Direction :

Bureau du Comité :

Président : M. E. MERCET, Administrateur du Comptoir national d'Escompte de Paris et de la Banque de l'Indo-Chine ;

Vice-Présidents : M. ULYSSE PILA, de la maison Ulysse Pila et Cie, Lyon ;

M. THÉODORE MANTE, de la maison Mante frères et Borelli, de Régis aîné, Marseille.

Trésorier : M. S. SIMON, Directeur de la Banque de l'Indo-Chine, Paris ;

Secrétaire : M. J. LE CESNE, de la Compagnie française de l'Afrique occidentale, Marseille-Paris.

Autres membres du Comité :

MM.

ALBERT COUSIN, de la Compagnie commerciale et agricole de la Cazamance, Paris.

DAUMAS, de la maison Daumas et Cie, Paris.

GUSTAVE DENIS, de la maison Denis frères, Bordeaux.

DESGENETAIS, de la Société Flers-Exportation, Flers (Orne).

CYPRIEN FABRE, de la maison C. Fabre et Cie, Marseille.

E. MAUREL, de la maison Maurel et Prom, Bordeaux.

CH. PREVET, de la maison Ch. Prevet et Cie, Paris.

A. VERDIER, de la Rochelle.

Secrétaire général : M. JOSEPH CHAILLEY-BERT.

Adresser toutes les communications

A M. J. CHAILLEY-BERT

9, Rue Mogador

Paris. — Typ. A. DAVY, 52, rue Madame.

www.ingramcontent.com/pod-product-compliance
Lightning Source LLC
LaVergne TN
LVHW050251030726
842520LV00006B/2312